¡Tú Puedes Interpretar Tus Sueños!

Una Guía de Bolsillo Profética de Estrategias
Espirituales Demostradas que Ayudan a Entender sus
Sueños con Precisión

Dwann Holmes Rollinson

sermontobook
.com

Del sermón al libro
www.sermontobook.com

Tú PUEDES Interpretar Tus Sueños / Dwann Holmes Rollinson

ISBN-13: 9780692683439
ISBN-10: 0692683437

¡Tú PUEDES Interpretar tus Sueños! ¡Está dedicado a todos los soñadores proféticos que reconocen el lenguaje espiritual del amor y la revelación que sólo puede venir desde arriba!

¡Sigue Soñando!

CONTENIDO

El Mandato Que Dios Me Ha Dado

Cada vez que hablo con soñadores, personas que sueñan sueños vívidos como de tira de película, quedo bastante sorprendido cuando les digo que no todo el mundo sueña sueños como los suyos.

Como cuestión de hecho, es ese asombro dentro de estas conversaciones con respecto a su vida de sueño que parece guiarlos al comienzo de una confirmación reveladora de que, efectivamente, hay algo único acerca de lo que son y lo que sueñan.

La mayoría de las veces el asombro no se detiene allí. Simplemente continúa trayendo cuestiones como:

- ¿Podrían todos mis sueños en realidad significa algo?
- ¿Por qué sigo teniendo este sueño en particular una y otra y otra vez?
- ¿Seguro que no estoy loco?

- ¿Por qué tengo tantos sueños en una noche?
- ¿El ver a un perro en mi sueño realmente representa algo malvado?

Mes tras mes durante años yo respondí a preguntas como éstas tanto que finalmente decidí que sería más fácil y un gran beneficio para los demás el compilar las preguntas más populares y crear una guía sencilla sobre cómo interpretar espiritualmente y bíblicamente sueños proféticos.

Aunque los sueños pueden ser muy misteriosos y difíciles de entender, lo que he aprendido después de más de 20 años de documentar mis sueños es que, sip— cuando eres un soñador profético—la mayoría de tus sueños realmente sí significan algo.

Lo que yo quería que los soñadores proféticos como tú supieran es lo siguiente: con la ayuda adecuada, *¡Tú Puedes Interpretar tus Sueños!*

Y con la ayuda adecuada, puedes interpretar los sueños de otras personas también.

Aunque los sueños pueden ser muy misteriosos y difíciles de entender, lo que he aprendido después de más de 20 años de documentar mis sueños es que, sip —

cuando eres un soñador profético— la mayoría de tus sueños realmente sí significan algo.

¡También he aprendido que no siempre significan lo que piensas que significan!

Afortunadamente, puedo realmente reírme de esa declaración ahora, ya que si hubiera sabido entonces lo que sé ahora, habría prestado más atención a e incluso actuado en consecuencia o me hubiese movido en lo que se me mostró en mis sueños.

¡Después de todo, los sueños son otro modo de comunicación de la que yo digo que el Santo Padre utiliza para hablar directamente contigo y conmigo! Una vez que domines el arte de aprender el lenguaje del amor en el cual él te habla a ti y a otros, la interpretación de los sueños se vuelve más y más natural.

Descubre lo natural y fácil que puede ser conforme te lleve en un viaje espiritual literario rápido y sin dolor dentro de las páginas de ¡Tú Puedes Interpretar tus sueños!

¡Disfruta!

Conoce a Dwann

Me encanta educar a la gente sobre lo profética porque es El Mandato Que Dios Me Ha Dado. Por lo tanto, cada vez que tengo la oportunidad, hago todo lo posible para educar, iluminar y potenciar a las personas en los diferentes elementos de lo profético.

Ahora más que nunca, creo que es importante que las boquillas de Dios ocupen el lugar que les corresponde en el Reino y para asegurarse de que haya una palabra profética pura del Reino liberada cuando abran sus bocas.

Ahora más que nunca, creo que es importante que esas boquillas de Dios ocupen el lugar que les corresponde en el Reino y para asegurarse de que haya una palabra profética pura del Reino liberada cuando abran sus bocas.

Soy conocido como un experto en medios de comunicación, un entrenador, un autor y un mentor profético. Hace años, yo era una informadora periodística y yo presentaba y reportaba noticias de los canales de televisión de todo el país, incluyendo Nashville, Birmingham, Alabama, y Savannah, Georgia.

Crecí en Omaha, Nebraska, y me presenté allí, así como en Lincoln. Entonces, en medio de una exitosa carrera de noticias de televisión, Dios de repente comenzó a hablar conmigo sobre el ministerio y me reveló que tenía reservado mucho que tenía para mí.

Me mostró que la plataforma que me había dado en las noticias de televisión era sólo una manera de aprovechar lo que quería que hiciera por él. Así que empecé una pequeña productora de televisión para ayudar a los ministerios a aumentar su excelencia en los medios de comunicación.

Si estás leyendo este libro, probablemente ya sabe que hay mucha perversión en lo profético. Sin embargo, veo a Dios cambiando eso y liberando a profetas puros en las regiones.

Dios liberó un favor poco común en la empresa y es por eso que tanta gente me conoce como un experto en medios de comunicación. Como cuestión de hecho, mucha gente me conoce más como un experto en medios que como un profeta, pastor, apóstol o ministro del Evangelio.

Pero eso está cambiando y Dios me está haciendo la transición conforme él me permita levantar a profetas y también existir como enlace entre los apóstoles y profetas, en particular los de la iglesia y los del mercado. Les estoy enseñando a caminar en la pureza en lo profético.

Si estás leyendo este libro, probablemente ya sabe que hay mucha perversión en lo profético. Sin embargo, veo a Dios cambiando a eso y liberando profetas puros en las regiones.

Una de las maneras que me ha asignado para erradicar la perversión en lo profético es mediante la creación de guías proféticas como ésta, que es la parte 2 de mi serie Verdad Profética.

El Instituto Global de Profetas del Mercado (GICMP por sus siglas en inglés) existe como una empresa profesional internacional de los profetas encargados de educar y capacitar a los elegidos para un ministerio profético.

La misión del GICMP es proporcionar apoyo, orientación profética y educación a todos los profetas cristianos de todo el mundo que son llamados a la iglesia o al mercado.

Eso es lo que hacemos en todo el mundo. Ministramos proféticamente a diferentes personas cuando están en necesidad. También ofrecemos asesoramiento profético, asesoramiento empresarial y consultoría de iglesia para profetas. Puede encontrar más información sobre nosotros yendo a globalpropheticinstitute.com y prophetdwann.com.

Interpretación de Sueño Profético 101

En las siguientes páginas, vas a aprender a:

1. Despertar al soñador.

2. Identificar el lenguaje de los sueños en el que Dios te habla.

3. Entender si es o no un sueño es acerca de tu futuro.

4. Descubrir la forma más fácil de determinar si es el momento de contarle el sueño a una persona con la que sueñas.

5. Liberar a un sueño/visión profética como la liberación o la profecía.

6. Superar el miedo de los sueños.

7. cooperar con las comunicaciones de Dios en tus sueños para liberar a tu destino.

8. Averiguar por qué el mismo sueño sigue ocurriendo.

9. Aprender Cómo tu Vida de Rezo Afectará a tu Vida de Sueños.

10. Interpretar fácilmente tus propios sueños y visiones.

11. Entender por qué Dios le habla a sus hijos e hijas a través de sueños y visiones.

12. Como recuperar un sueño que parecías haber olvidado.

13) Ayudar a otros a conocer el verdadero significado de tus sueños y la primera acción que debes tomar constantemente con el fin de recordar todos tus sueños y sus significados.

Aquí están las escrituras fundacionales que utilizo cuando enseño Interpretación de Sueño Profético.

Números 12: 6 dice: "Cuando hay un profeta en medio de ti, yo, el Señor, me manifestaré a él en visiones, les hablo en sueños." Esto nos dice que Dios está diciendo, *¿Adivina qué? Hablo a mis profetas en visiones y sueños. Si hay uno entre vosotros, voy a hablar.*

Daniel 2:28 dice: "Pero hay un Dios en el cielo que revela los misterios. Ha mostrado rey Nabucodonosor lo que sucederá en los días venideros. Tu sueño y las visiones que pasaron por tu mente cuando estabas acostado en cama, son estos".

En medio de la locura de la vida, tan sólo tienes que dejar lo que estás haciendo, ir a acostarte y permitir que Dios te ministre. Entonces Él revelará lo que necesita ser revelado para que puedas manifestar tu gloria.

Daniel 7:1-7 dice: "En el primer año de Belsasar rey de Babilonia, Daniel tuvo un sueño y visiones pasaron por su mente mientras estaba tumbado en la cama. Él escribió la sustancia de su sueño. Daniel dijo: "En mi visión nocturna, vi, y he aquí que los cuatro vientos del cielo combatían en el gran mar. Cuatro bestias grandes, diferentes de las otras, subían del mar.

"La primera era como león, y tenía alas de águila. Yo estaba mirando hasta que sus alas fueron arrancadas, y fue levantada del suelo y se puso enhiesta sobre los pies a un ser humano, y se le dio la mente de un ser humano a la misma."

"Y he aquí otra segunda bestia, que se parecía a un oso. Fue levantado sobre uno de sus lados, y tenía tres costillas en su boca entre sus dientes. Se le dijo: "¡Levántate y llénate de carne!"

"Después de eso, miré, y he aquí otra bestia, una que se parecía a un leopardo. Y en su parte posterior tenía cuatro alas de un pájaro. Esta bestia tenía cuatro cabezas, y le fue dada dominio."

"Después de eso, en mi visión nocturna, vi, y he aquí la cuarta bestia— espantosa y terrible y muy potente. Tenía unos dientes grandes de hierro; trituraba y devoraba a sus víctimas y hollada lo que quedaba. Es muy diferente de todas las bestias que vi antes, y tenía diez cuernos."

Pide a Dios que te revele su propósito, planes y destino para ti. Pídele que encienda de nuevo el lenguaje de los sueños para ti.

Al mostrarte ese pasaje, yo quería resaltar los detalles que vienen hacia adelante cuando Dios revela profecía a través de los sueños. Claramente, Daniel vio visiones en su cabeza mientras yacía en la cama.

A veces necesitas detener lo que estás haciendo e ir a acostarte o dormir, porque esa es una de las maneras en que Dios restaura a los profetas. En general, sabemos que el sueño es bueno para nosotros, pero estoy diciendo en medio de la locura de la vida, tienes tan sólo que dejar de hacer lo que estás haciendo, ir a acostarte y permitir que Dios te ministre. Entonces Él revelará lo que necesita ser revelado para que puedas manifestar su gloria.

Cómo Despertar el Soñador en Ti

Esto es muy simple. En primer lugar, pídele a Dios que se comunique contigo en tus sueños. Hablo con un montón de personas que dicen que solían soñar, pero no más, y mi respuesta es que Dios quiere que sueñes. Y tu siguiente pregunta es siempre, "¿Cómo despertar al soñador en mí?"

Aquí está la respuesta simple: Sólo pregunta. Pídele a Dios que te revele su propósito, planes y destino para ti. Pídele que encienda de nuevo el lenguaje de los sueños para ti.

No es tan complicado como muchos lo hacen parecer. Dios te habla en su propio idioma. Algunos de nosotros lo llaman "papá"; algunos de nosotros lo llaman "Padre"; incluso algunos pueden llamarlo algo diferente, o se le podrán acercar de una manera diferente porque no están acostumbrados a ello. Pero, independientemente, Dios te habla en su propio idioma.

Si realmente quieres despertar al soñador en ti, es esencial posicionarte alrededor de gente profética y ministerios proféticos. Una vez hecho esto, comenzarás a ver un aumento en las comunicaciones sobrenaturales de Dios.

Así que de nuevo, pídele a Dios que despierte al soñador dentro de ti, y luego encuentra a un auténtico grupo de profetas con los cuales mezclarte. Lo que Dios está haciendo en la cabeza y lo que Dios está haciendo en la empresa, lo hará en ti a medida que entres en contacto y conexión con ellos.

A veces Dios nos dará sueños metafóricos, que son los sueños con una gran cantidad de simbolismo. Otras veces Dios nos dará sueños predictivos, que son nuestro futuro y destino.

No es tan complicado como muchos lo hacen parecer. Dios te habla en su propio idioma. Algunos de nosotros lo llamamos "papá"; algunos de nosotros lo llamamos "Padre"; incluso algunos pueden llamarlo algo diferente, o se le podrían acercar de una manera diferente, ya que no están acostumbrados a ello. Pero, independientemente, Dios te habla en tu propio idioma.

Si tú personalmente no utilizas grandes palabras, Dios no va a hablar contigo usando palabras grandes. No lo compliques de más. Sí, a veces Dios va a revelar palabras que no se entienden, pero Él no va a hacer que tu cabeza explote.

La forma en que identificas el lenguaje de los sueños de Dios es primero identificar tu forma de hablar a los demás. Después de eso, identificar la forma en que le hablas a Dios. Entonces serás capaz de entender el lenguaje de los sueños en el que Dios te está hablando.

Descifrar Qué tipo de Sueño Estás Teniendo

A veces Dios nos dará sueños metafóricos, que son los sueños con una gran cantidad de simbolismo. Otras veces Dios nos dará sueños predictivos, que son nuestro futuro y destino.

Pero ¿cómo podemos determinar si Dios nos está diciendo acerca de nuestro futuro frente a algo más? La mayor parte del tiempo en que Dios te está mostrando algo acerca de tu futuro, es muy específico y preciso.

Lo vi y entonces supe que probablemente iba a suceder. Dios me estaba advirtiendo al respecto, o preparándome para que pudiera caminar a través de ello. Me estaba diciendo que sólo necesitaba prepararme con mucha oración.

Ya sea que tus sueños se sientan reales o no, la mayoría de los sueños parecen estar como si tú estuvieses en ellos, pero no necesariamente deberíamos usar eso como un indicador de que se trata de nuestros futuros.

¿Cuál es la solución? Debes mirar hacia atrás en lo que parece estar predicho, y luego considerar el calendario.

Por ejemplo, el año pasado estuve tratando con un pastor, y tuve un sueño en el que vi que el pastor estaba un poco molesto conmigo. En ese momento, supe claramente que este sueño me iba a mostrar algo en mi futuro.

El sueño era algo muy específico y relacionado con mi situación actual. Yo estaba en relación con este pastor al que yo estaba ayudando, por lo que era muy predictivo. No era metafórico; era una situación específica. Lo vi y entonces supe que probablemente iba a suceder. Dios me estaba advirtiendo al respecto, o preparándome para que pudiera caminar a través de él. Me estaba diciendo que sólo necesitaba prepararme con mucha oración.

Cuando Saber si es el Momento de Contarle un Sueño a una Persona con la que Soñaste

Siempre pregúntale a Dios primero. Por ejemplo, "Dios, ¿este es el sueño que quieres que libere a esta persona?" En segundo lugar, sin embargo, hay que prestar atención a los indicadores proféticos en el interior. Los indicadores proféticos nos ayudan a saber cuándo es el momento de la liberación, cuando es el momento de estar tranquilos, y cuando es el momento de orar un poco más.

Antes de liberar el sueño a alguien, debes saber, sin una sombra de duda de que tú no estés caminando en la emotividad, y que no estés caminando en la ansiedad. Y con el fin de hacer eso, debes preguntarle a Dios.

En Jeremías, era como si el fuego se disparase en sus huesos. Cuando sueño en una persona, un indicador que me señala que se supone que tengo que liberarlo se produce cuando siento a mi sueño casi burbujeando dentro de mí.

Antes de que liberes un sueño de alguien, debes saber, sin una sombra de duda de que no estés caminando en la emotividad, y que no estés caminando en la ansiedad. Y con el fin de hacer eso, debes preguntarle a Dios.

Nunca te vuelvas demasiado grande para Dios, ni tengas tanta confianza en ti mismo como para no sentir que tienes que preguntarle a Dios o preguntar acerca de algo que Él te ha mostrado en un sueño.

Nunca te vuelvas demasiado grande para Dios, ni tengas tanta confianza en ti mismo como para no sentir que tienes que preguntarle a Dios o preguntar acerca de algo que Él te ha mostrado en un sueño.

Así es como los profetas van por mal camino, y así es como vemos a los profetas heridos que están perjudicando a izquierda y derecha como nunca antes. Así, de nuevo, siempre pregúntale a Dios y presta atención a los indicadores proféticos que Él ha puesto dentro de ti.

Cómo Liberar un Sueño o Visión Profética como Liberación

Esto es algo que la gente pregunta todo el tiempo, y cuando hago mi entrenamiento, me sale un montón de gente que piensa que ellos están profetizando con alguien... pero todo lo que están haciendo es simplemente diciéndoles un sueño.

Si no eres un profeta ordenado, no tienes derecho a corregir a nadie. Si tienes tiene una interpretación, es necesario llevarla a un profeta sazonado y preguntarle lo que piensan y permitirles hacer lo que dice la Biblia.

Estoy aquí para decirle suavemente, no es así como profetizas. El hecho de que hayas visto un sueño o una visión no significa que sea una profecía. Vamos a aprender cómo liberar los sueños o visiones proféticamente.

Los Fundamentos de Liberar la Profecía

En primer lugar, la profecía exhorta, anima y conforta. Si no eres un profeta ordenado, no tienes derecho a corregir a nadie. Si tienes tiene una interpretación, es necesario llevarla a un profeta sazonado y preguntarle lo que piensan y permitirles hacer lo que dice la Biblia. Una vez que todo eso suceda, entonces es el momento para que puedas liberar tu revelación. Es necesario ser bíblico al respecto y tienes que hablar como Dios porque la profecía está destinada a exhortar, animar y confortar.

Lo mejor que puedes hacer es encontrar una escritura que se aplique a tus sueños, después, declarar proféticamente esa escritura específica y conectarla con el sueño, y luego lanzarla como una profecía.

Nadie quiere escuchar palabras desalentadoras. Como profeta, no es necesario decirlo a menos que estés muy seguro de que viene de Dios.

Es importante que si estás convirtiendo un sueño en profecía, hablas como Dios. Ahora, esto requiere práctica. Algunas personas lo hacen; algunas personas no lo hacen — y algunas personas dicen que es mejor evitarlo por completo. Pero yo digo que debes hacerlo, porque las palabras proféticas tienen más peso cuando vienen de Dios.

¿Eres lo suficientemente seguro de tus sueños y visiones para hablar de Dios? Decir, "Yo, tu Dios, te estoy dando un futuro brillante. Sí, puede que te haya permitido que pases por aquel difícil divorcio, pero debes saber que estoy trabajando todo para tu bien y liberando alegría y yo estoy liberando la fuerza sobre ti porque me preocupo por ti y te llamo mi hombre de valor".

Eso es un ejemplo de cómo hablar profecía de una manera bíblica, y de asegurarse de que honraste a los fundamentos de la profecía, que está exhortando y animando y reconfortando.

Nadie quiere escuchar palabras desalentadoras. Como profeta, no es necesario decirlo a menos que estés muy seguro de que es de Dios. No trates de darle una advertencia a alguien a menos que hayas sido ordenado y confirmado de alguna manera, y tu fruto hable por sí mismo.

Cómo Superar la Guerra en los Sueños

Cuando experimentas el mal y la muerte en tus sueños, lo mejor que puedes hacer es declarar la sangre de Jesús, en el nombre de Jesús. Tú puedes hacer eso en tu mente. Tú debes reconocer que cuando tienes una guerra seria en tus sueños, podría ser el enemigo tratando de invadir tu espíritu.

Si me veo trabajando fuera mucho, Dios me podría está llamando a caminar en la salud y la integridad. Toma esa información como instrucción profética y ponla en práctica.

Ahora bien, hay veces en que Dios permite la guerra. En esos casos, es necesario tomarlo como una indicación de cómo el enemigo está tratando de luchar contra ti, y lo que necesitas es crear oraciones de guerra que te defiendan contra el enemigo. Mira, y rezar porque no deseas que se manifiesten. Tú no querrás que el enemigo cause estragos en tus sueños.

Así que cada vez que estoy tratando con la guerra extrema en mis sueños, tengo que tomar el tiempo para ver si hay una puerta abierta en mi vida personal que esté invitando legalmente al enemigo para entrar en esta parte de mi vida.

Si no es así, tengo que entender que la brujería es una guerra real y a veces demoníaca que se apodera de nuestros sueños porque existe, amigos míos, "magia de trabajo" en contra de nosotros.

Pero siempre recuerda, ¡Jesús es el Señor!

Y a medida que declares y decretes que Él es el Señor en tu vida y en concreto en tu sueño-vida, el diablo tendrá que huir.

Además, en cualquier momento que experimentes la guerra, es importante examinar tu vida para ver si las relaciones específicas pueden invitar a un nivel de actividad demoníaca para la que no estés listo.

Por último, entiende que Dios nos dará grandes Advertencias en sueños y con el fin de mostrarnos a veces la gravedad de lo que está por suceder, Él nos permite ver el caos, la confusión o incluso la tragedia dentro de nuestros sueños.

Más que nada, cuando esto sucede, es el momento de orar enserio y sin cesar y creer que Dios es tu bandera y que Él te dará la sabiduría sobre cómo manejar cada situación.

Asimismo, recuerda que la Palabra nos dice "¡La liberación es el pan de los hijos!"

Sesiones de Liberación

Es bueno ir a través de algunas Sesiones de Liberación para cuando tengas que enfrentar la guerra en tus sueños. Me refiero a la clase de la liberación donde la gente pone las manos sobre ti y te dicen: "Sal en el nombre de Jesús." Esto te ayudará a protegerte en el nivel que necesitas estar.

Cómo Cooperar con Dios a Fin de Liberar tu Destino

En primer lugar, tienes que entender 2 Crónicas 20:20, que dice: "Por la mañana temprano se fueron para el desierto de Tecoa. A medida que avanzaban, Josafat se puso de pie y dijo: ¡Oídme, Judá y habitantes de Jeru-Salem! Tengan fe en el Señor su Dios, y estaréis seguros; Confíen en sus profetas y tendrán éxito".

Entonces tienes que entender que a veces los sueños proféticos incluyen instrucciones, y a veces en tus sueños estás haciendo cosas que no has hecho antes. Así que la forma en que cooperes con lo que Dios está liberando de en tus sueños es tomarlo como instrucción profética y comenzar a orar y profetizar sobre esa instrucción, que te permita conectarte con tu destino.

Si me veo trabajando mucho, Dios podría estarme llamando a caminar en la salud y la integridad. Toma esa información como instrucción profética y ponla en práctica. No ignores esas instrucciones. Haz algo que coopera con lo que Dios te está comunicando, para que tus sueños puedan ayudarte a liberar tu destino.

Si te estás preguntando por qué tus sueños no se están manifestando, tal vez es porque no estás cooperando con lo que Dios está liberando a tu mente.

Descubre por qué estás teniendo sueños recurrentes

Hay una razón por la que Dios sigue mostrándote algo una y otra vez. Podría ser que estás siendo desobediente, o podría ser que hay algo muy específico y estratégico que Dios quiere asegurarse de que entiendas sin una sombra de duda.

Así que pídele a Dios que libere la revelación. Pídele a Dios que te explique la importancia en el doble sentido, o la importancia en la doble versión.

Dios no va a hacer todo el trabajo. Tienes que hacer tu parte y pedirle que libere revelación para ti. Di: "Dios, yo estoy pidiendo su revelación con respecto a_____ porque sé que hay algo aquí."

Dios no va a hacer todo el trabajo. Tienes que hacer tu parte y pedirle que libere re-velación para ti. Di: "Dios, yo estoy pidiendo su revelación con respecto a _____ porque sé que hay algo aquí." Luego, cuando le preguntes, entiende que Él puede enviar un profeta o un apóstol o incluso a un niño para entregar tu revelación.

Tú debes entender que cuando Dios comienza a hacer cosas por partida doble, hay algo estratégico que está haciendo y quiere contarte.

Cómo tu Vida de Rezo Afectará tu Vida de Sueños

Si no tienes tu vida de oración en su lugar, entonces, tus interpretaciones de sueños van a ser menos precisas. Sí, hay algunas personas a las que Dios ha dado el don de la interpretación, y te puede decir la revelación independientemente de la oración, pero luego hay otros que necesitan un poco de ayuda.

Si tu vida de oración está toda desorganizada, entonces te prometo que tu interpretación va a ser un desorden también. Por lo tanto, si quieres asegurarte de que estés en comunicación constante con Dios— ya sea que seas un profeta o simplemente alguien que quiere Dios en su vida en nuevos niveles—reza a menudo.

Si tu vida de oración está toda desorganizada, entonces te prometo que tu interpretación va a ser un desorden también. Por lo tanto, si quieres asegurarte de que estés en comunicación constante con Dios— ya sea que seas un profeta o simplemente alguien que quiere Dios en su vida en nuevos niveles—reza a menudo.

La oración es simplemente el comunicarse con Dios. Está bien el hablar con Dios. Creo que una de las razones por las que muchas personas no pueden interpretar sus sueños es porque simplemente no hablan con Dios y le piden interpretación.

Cómo Fácilmente Interpretar Tus Sueños y Visiones

Presta atención a cómo te sientes cuando estás en tus sueños. También, presta atención a qué significan cosas específicas a ti en tus sueños. Si yo amo a los perros y tú odias a los perros, entonces nuestros sueños van a tener dos significados diferentes. Es por eso que no puedes tener un enfoque general de Interpretación de Sueño profético. No funciona.

La gente suele preguntar: "¿Por qué, pues, nos habla en sueños y visiones?" La respuesta es simple. Debido a que dijo que lo haría. Y lo hace. Él dice que derramará su Espíritu sobre nosotros en los últimos días, y los sueños y visiones son las principales formas que revelan sus misterios a Sus profetas.

Dios va a liberarte su significado en tu propio lenguaje de los sueños, porque sabe que tienes una especial interpretación, por lo que tienes que prestar atención a cómo te sientes.

Por ejemplo, si la lluvia cayese sobre tu cabeza en un sueño, ¿te sentirías refrescado? ¿O estarías enfadado de que estuviese arruinando tu cabello o dándote frío? ¿O te sentirías frustrado al principio, y luego de repente te encuentras a ti mismo apreciando la lluvia? Si ese es el caso, no hay simbolismo allí. Dios te está mostrando que Él creó todo, a pesar de que podrías odiarlo. Tal vez Él está revelando la lluvia espiritual que Él está trayendo sobre tu vida para que puedas refrescarte.

Así que pregúntate lo que sientes en el interior acerca de tu sueño. Para la mayoría de la gente, una serpiente va a hacerte saltar. Nueve de cada diez veces, si ves a serpientes en tus sueños, significa brujería. Significa que hay alguien astuto tratando de llegar sobre ti y saboteante.

Así que ponte en guardia cuando escuches a la serpiente en tu sueño, y pregúntate si hay alguien cercano en tu vida que te esté saboteando.

¿Por qué Dios le Habla a sus hijos a Través de Sueños y Visiones?

La gente suele preguntar: "¿Por qué Dios todavía nos habla en sueños y visiones?" La respuesta es simple. Debido a que dijo que lo haría. Y lo hace. Él dice que derramará su Espíritu sobre nosotros en los últimos días, y los sueños y visiones son las principales formas que revelan sus misterios a Sus profetas.

¿Por qué? Porque así es como Dios escogió que su reino operase. Es por eso que es bíblico.

Cómo Recuperar un sueño que Pareces Haber Olvidado

Si has olvidado un sueño, es necesario preguntarle a Dios para recibirlo en el espíritu. Si *recibiste* un sueño en el espíritu, puedes *recuperar* un sueño en el espíritu.

Recuerda, si Dios te lo dio en el espíritu, Él te permitirá recuperarlo en el espíritu.

Podrás sentarte allí todo el tiempo que quieras, tratando de recordar tu sueño, pero en ese momento, tú estás operando en la carne. Es allí cuando necesitas subirte al coche e ir a un lugar tranquilo y decir: "Dios, necesito que me reveles mis sueños olvidados. No hice lo que tenía que hacer. Por favor, Dios, revélamelo. "

Tú tienes que estar quieto en la oración hasta que Dios traiga de vuelta el sueño a tu recuerdo. Os animo a orar en el espíritu. No te preocupes. No se ha ido para siempre. Recuerda, si Dios te lo dio en el alcohol, Él le permitirá recuperar en el espíritu.

Como Ayudar a Otros a Conocer el Verdadero Significado de sus Sueños

Con el fin de ayudar a los demás a develar el verdadero significado de sus sueños, debes señalarlos de nuevo a todo lo que te acabo de enseñar. Señálalos de nuevo a cómo se sentían en sus sueños, ya que eso será un indicador natural de lo que Dios está tratando de comunicarles a ellos.

Anota tus Sueños en un Diario de Sueños

Con el fin de recordar constantemente tus sueños, debes escribirlos. Antes, cuando Dios estaba despertando al profeta dentro de mí, él me estaba dando tiras de película de mis sueños, día tras día. Llegó a un punto en el que tuve que escribirlas, porque si no lo hacía, las mezclaría.

Incluso Daniel escribió sus sueños. Así que recuerda, anota sus sueños. Comprar un diario de sueño y mantenlo junto a tu cama. Les dejo una página en blanco después de que yo haya escrito mi sueño, por si acaso Dios quiere revelar algo acerca de ese sueño específico más adelante.

Luego, cuando mi interpretación viene, puedo llenar la interpretación. Es muy importante hacer eso, especialmente para aquellos de ustedes que sean nuevos en el proceso.

Anota Todos los Detalles de tu Sueño

Anota la fecha; anota los colores; sé muy descriptivo; anota todos los detalles que puedas recordar. Describe quién conducía qué, quién estaba sentado dónde, quién dijo qué, y así sucesivamente. Debido a que todos esos detalles aparentemente sin importancia quieren decir algo cuando se trata de Dios revelando un sueño para ti.

PREGUNTAS FRECUENTES

¿Qué Significa si ves a tus Familiares Fallecidos Interactuando Contigo en tu Sueño?

Puede significar algo bueno, o puede significar algo malo. La nigromancia es cuando se habla con los muertos. En el mundo natural, eso no es de Dios; Sin embargo, una de las escrituras que muchas personas parecen olvidar (o actuar como si no existiese) se encuentra en Hebreos, donde se habla de una gran nube de testigos.

Hace mucho tiempo, tuve un sueño acerca de mi abuelo paterno, y él llevaba cosas de Masón. Dios empezó a mostrarme donde mi familia necesitaba una liberación, y él estaba allí, y estábamos sentados en una iglesia, pero nunca habló con él. Creo que Dios me estaba mostrando el pecado del antepasado con el que teníamos que tratar con el fin de ser libres en nuestra familia.

En los últimos años, una de mis tías falleció y había un poco de conflicto sucediendo dentro de la familia, y tuve un sueño sobre ella. En el sueño, ella me dijo que debía tomar su lugar en la parte matriarcal de la familia. Fue muy intenso y sentí que había un mensaje que tenía que pasar a lo largo de algunos de los miembros de mi familia.

Presta mucha atención. Dios puede estarte mostrando algo que está un poco más allá de lo que podrías imaginar. Busca asesoramiento.

Por lo tanto, si sólo te sientas allí en tu sueño, interactuando con tus parientes muertos sin razón aparente, y no puedes encontrar un significado bíblico, lo más probable es que el sueño no es de Dios.

Pero, de nuevo, hay momentos en que los familiares muertos entran en sus sueños y Dios te da un reflejo de algo para que puedas ver con lo que tienes que tratar.

¿Qué Pasa si Tienes Miedo o Estás Nervioso en tus Sueños? Como Principiante, ¿Cómo Puedes Estar Seguro de que Estás Interpretando Correctamente?

Presta mucha atención. Dios puede estar mostrándote alguna cosa que esté un poco más allá de lo que puedes imaginar. Busca asesoramiento. Hay una ansiedad y nerviosismo que está obligado a estar presente cuando estás primero empezando. Pídele oraciones y consejos a un profeta experimentado.

La razón número uno por la que Dios nos revela cosas en sueños es para que podemos orar a través de ellos.

Dios no nos ha dado espíritu de temor, así que cada vez que veas el miedo en tus sueños, significa que hay algo con lo que se tiene que tratar. ¿Podría ser el temor de aceptar tu gran llamado en la vida? ¿Podría ser el temor de lo que parece estarse manifestando?

Hay momentos en los que no le presto atención a mis sueños, y mirad, que la cosa que soñé sucede en mi vida, y pienso, "Diantres, no presté atención y no oré." Debido a que la razón número uno por la que Dios nos revela cosas en sueños es para que podemos orar a través de ellos.

Tenemos que estar preparados, no asustados. Tenemos que caminarle con la autoridad que Dios nos ha dado.

¿Significa Algo Cuando Ves a tus Padres Naturales en tus Sueños?

Una vez más, no vamos a poner un enfoque general a esto porque esto puede significar varias cosas diferentes. Si ves a tus padres en tus sueños, y ellos te están dando algún tipo de instrucción profética o piadosa, y no estás acostumbrado a que hagan eso, sería una indicación de que probablemente representan a Dios.

A veces Dios usará las personas a las que respetamos para impartir sabiduría en nuestros sueños, porque Él sabe que somos más propensos a prestarles atención a ellos.

Oren, profetas, presten atención, oren acerca de sus sueños, profesen sobre sueños y profesen a sus sueños, a sí mismos, y luego presten atención a lo que está sucediendo. Es sencillo. Recuerden siempre: sin revelación, no hay manifestación. Si no tienen revelación, nunca recibirán manifestación.

A veces nuestros padres se representan a sí mismos; otras veces se representan aquellos que tienen autoridad sobre nosotros; y aún otras veces representan a Dios. Pero no es un enfoque general.

Por ejemplo, si estás en medio de una iglesia y tus padres te gritan desde el púlpito, podría ser que ellos representan a tu pastor, que está tratando de tratarte como un niño, cuando ese no es su lugar para hacerlo.

Si tus padres son abusivos y los ves gritándote en la iglesia, podría ser que ellos representan a alguien en autoridad sobre ti en esa iglesia al que le estás permitiendo abusar de ti.

Si tus sueños hacen que tengas miedo, es necesario reclamar la sangre de Jesús antes de ir a dormir, especialmente si tienes un montón de sueños demoníacos. Pídele a Dios que te dé sus sueños.

Animo a todos a leer el Salmo 91 antes de ir a dormir y después de levantarse. El Salmo 91 habla sobre aquel que habita en un lugar secreto de Dios, pero también batalla contra ese espíritu del terrorismo y el trauma que causa estragos contra el cuerpo de Cristo en tu sueño.

Hace mucho tiempo, mi hija dijo, "yo no quiero soñar, porque sólo tengo malos sueños." Pero lo hablé con ella y oramos al respecto, y ahora ella está bien. Una vez más, presta atención. Podría haber un espíritu tratando de estar contra ti. Prepárate con la oración.

Consejos Finales

Ora, profetiza, prestar atención, ora acerca de tus sueños, profetiza sobre sueños y profetiza a tus sueños, a ti mismo, y luego presta atención a lo que está sucediendo. Es sencillo. Recuerda siempre: ninguna revelación, ninguna manifestación. Si no tienes revelación, nunca recibirás manifestación.

Así que necesitas asegurarte de que obtengas la revelación de tus sueños para que se puedas caminar en la manifestación de tus sueños. De esta manera, puedes ver a tu destino desenvolverse.

¿Qué Está Diciendo Dios en tus Sueños?

Quiero darte las gracias por leer mi guía. Me encantaría saber de ti en Facebook y Twitter. Si tienes un sueño que quisieras que yo interpretase, envíame un correo electrónico y voy a interpretarlo dentro de dos semanas.

Dios te bendiga. Si estás interesado en tutoría más profética, visita

www.prophetdwann.com

www.globalpropheticinstitute.com.

Activación de Sueños Proféticos e Interpretación

Señor te doy gracias por cada semilla que se haya recibido en este día conforme esta guía ha sido leída.

Te agradezco que cada palabra que se haya leído haya sido recibida en buena tierra fértil.

Ahora, Señor, entro en un acuerdo con tu hijo/hija y yo activo y libero la capacidad sobrenatural de interpretar los sueños.

Te doy las gracias Dios por un aumento en el discernimiento y la revelación conforme tu hijo/hija se arrodille con el lenguaje del amor que estás comunicándole a él/ella.

Declaro y decreto que incluso el don de interpretación está siendo activado y agitado hasta ahora en el nombre de Jesús. Declaro y decreto que ninguna arma forjada contra interpretación piadosa, bíblica y de sueño espiritual, prosperará.

Incluso ahora despierto el soñador y llamo a cada sueño que haya permanecido inactivo y cada visión que haya sido sofocada y oculta. Llamo a una liberación de las estrategias y una liberación de entendimiento sólido en la vida de los sueños de tu creyente.

Te agradezco Dios de que incluso durante los próximos 30 días tu hijo/hija experimente un aumento en su vida de sueño y que incluso vas a hablar metáforas y las predicciones que no se pueden negar.

Señor aviva los dones como nunca antes. ¡Aumenta los sueños! ¡Aumenta las visiones! ¡Aumenta la comprensión! ¡Aumenta la interpretación! Aumenta la claridad de la mente, el espíritu y el alma.

Rompo todo espíritu que no sea como tú que trate de invadir la vida de los sueños de tu hijo/hija y declaro y decreto que los espíritus de terror, de asesinato, de pesadilla y del caos no harán su camino en la vida onírica de tus niños.

Empujo hacia atrás la mano del enemigo y pido que cada plan estratégico demoníaco que fuese enviado para causar sueños y visiones en tu hijo/hija no se manifieste. Profetizo un cerco de protección alrededor de tus hijos mientras duermen y letargo y declaro y decreto que la paz es su porción y Profetizo a tu hijo/hija en un lugar seguro en ti que no puede ser penetrado por perversión.

Me acojo a la sangre de Jesús sobre tu hijo desde la parte superior de su cabeza hasta la planta de sus pies y digo que tu vida de los sueños es productiva, positiva y no da miedo ni es espeluznante.

Os agradezco la posibilidad de luchar por los sueños y las visiones que has tenido a bien a liberar y ahora Dios yo solo digo que venga tu reino y hágase tu voluntad, ahora en la vida de cada creyente leyendo esta activación de sueño profético en el nombre de Jesús, Amén.

Ejercicio de Documentación de Sueños

Instrucciones: Ahora que tienes confirmación relativa a las medidas prácticas que se pueden implementar para interpretar tus sueños proféticos, vamos a dar un paso más allá.

Me gustaría desafiarte a utilizar esta guía para documentar cada sueño y visión que tengas para los próximos 30 días.

Recuerda, cuando documentas tus sueños es importante ser muy específico. Por ejemplo, si estoy en tu sueño y estoy usando una túnica blanca, asegúrate de documentar que mi túnica es de color blanco. Los colores tienen significado, tanto como el coche que estás conduciendo o incluso el peinado que llevas puesto, sobre todo si no es el mismo peinado que llevas todo el tiempo.

Pero, de nuevo, lo más importante es asegurarse de que seas detallado en tu descripción y, por supuesto, asegurarte de fecharla también.

Entrada de Muestra

Diciembre 24, 2014 — Visión temprana de la mañana: Fue en la parte trasera de una especie de iglesia. Un obispo entró, al parecer para cambiarse de ropa. Él mira y me ve y empieza a preguntarme cómo estoy. Yo digo que estoy bien y luego me pregunta por mi hija Ángel. Le digo que está bien y empezamos a hablar de ella y su pequeño. Le digo que ambos son hermosos. Entonces el Obispo B entra y nos ve hablando y se sienta en el sofá.

Cuando vuelvo al área de congregación, todo el mundo está siendo bombeado y sumergido en SU presencia. Comienzo a hablar con varias personas que conozco que no he visto desde hace años.

Día 1

_____
_____
_____
_____
_____
_____
_____
_____
_____
_____
_____
_____
_____
_____
_____
_____
_____
_____
_____
_____
_____
_____
_____
_____
_____
_____
_____

DÍA 2

_____
_____
_____
_____
_____
_____
_____
_____
_____
_____
_____
_____
_____
_____
_____
_____
_____
_____
_____
_____
_____
_____
_____
_____
_____
_____
_____
_____

DÍA 3

_____
_____
_____
_____
_____
_____
_____
_____
_____
_____
_____
_____
_____
_____
_____
_____
_____
_____
_____
_____
_____
_____
_____
_____
_____

DÍA 4

DÍA 5

DÍA 6

DÍA 7

_____

_____

_____

_____

_____

_____

_____

_____

_____

_____

_____

_____

_____

_____

_____

_____

_____

_____

_____

_____

_____

_____

_____

_____

_____

_____

_____

_____

_____

_____

DÍA 8

_____

_____

_____

_____

_____

_____

_____

_____

_____

_____

_____

_____

_____

_____

_____

_____

_____

_____

_____

_____

_____

_____

_____

_____

_____

DÍA 9

_____

_____

_____

_____

_____

_____

_____

_____

_____

_____

_____

_____

_____

_____

_____

_____

_____

_____

_____

_____

_____

_____

_____

_____

_____

_____

_____

_____

_____

DÍA 10

_____

_____

_____

_____

_____

_____

_____

_____

_____

_____

_____

_____

_____

_____

_____

_____

_____

_____

_____

_____

_____

_____

_____

_____

_____

_____

_____

DÍA 11

DÍA 12

DÍA 13

_____

_____

_____

_____

_____

_____

_____

_____

_____

_____

_____

_____

_____

_____

_____

_____

_____

_____

_____

_____

_____

_____

_____

_____

_____

_____

_____

_____

DÍA 14

_____

_____

_____

_____

_____

_____

_____

_____

_____

_____

_____

_____

_____

_____

_____

_____

_____

_____

_____

_____

_____

_____

_____

_____

_____

_____

DÍA 15

DÍA 16

DÍA 17

DÍA 18

DÍA 19

_____
_____
_____
_____
_____
_____
_____
_____
_____
_____
_____
_____
_____
_____
_____
_____
_____
_____
_____
_____
_____
_____
_____
_____
_____
_____

DÍA 20

DÍA 21

_____

_____

_____

_____

_____

_____

_____

_____

_____

_____

_____

_____

_____

_____

_____

_____

_____

_____

_____

_____

_____

_____

_____

_____

_____

_____

_____

_____

_____

_____

DÍA 22

_____

_____

_____

_____

_____

_____

_____

_____

_____

_____

_____

_____

_____

_____

_____

_____

_____

_____

_____

_____

_____

_____

_____

_____

_____

_____

_____

DÍA 23

_____
_____
_____
_____
_____
_____
_____
_____
_____
_____
_____
_____
_____
_____
_____
_____
_____
_____
_____
_____
_____
_____
_____
_____
_____
_____
_____
_____
_____

DÍA 24

DÍA 25

DÍA 26

DÍA 27

DÍA 28

DÍA 29

DÍA 30

_____

_____

_____

_____

_____

_____

_____

_____

_____

_____

_____

_____

_____

_____

_____

_____

_____

_____

_____

_____

_____

_____

_____

_____

Acerca del Autor

Dwann Holmes Rollinson es una galardonada periodista y productora nominada al Emmy, empresaria y analista de medios de comunicación con más de 20 años de experiencia multimedia

En Abril del 2001, la Revista Ebony la nombró entre 1 de 30 líderes futuros de América de 30 años y menores. Ya sea en el púlpito, sala de conferencias, salón de clases o seminario multimedia, Dwann es una potente conferencista mundial que trae la visión profética de la revelación y el reino a audiencias de todas las edades y datos demográficos, en particular los llamados al mercado y lo profético.

Dwann también camina en Milagros con la manifestación de Sanación Divina que a menudo experimenta a lo largo de sus reuniones.

Ella es también una líder de negocios y coach ejecutivo y fundadora del Instituto Global de Profetas de la Iglesia y del Mercado, así como, pastora ejecutiva de El Lugar de Culto en Jacksonville, Florida, donde vive con su marido el Obispo Harold y su familia mezclada de 4 hijas.

Conocida como una Mentora de Medios de Comunicación para muchos, Dwann Holmes Rollinson es una galardonada periodista, productora nominada al Emmy y ejecutiva de marketing llamada a apoyar a los líderes en nuevos niveles de Manifestación del Reino. Rollinson combina su historial de más de 20 años en medios de comunicación con una visión ministerial para mostrarles a los Apóstoles de Dios, profetas, evangelistas, pastores y maestros cómo evangelizar fácilmente en y fuera de línea.

Como FUNDADORA del **INSTITUTO GLOBAL DE PROFETAS DE LA IGLESIA Y DEL MERCADO,** Dwann es una autoridad profética de las Naciones llamada para establecer orden y construir sistemas de rendición de cuentas para boquillas del Reino de Dios en todo el mundo.

Como pastora ejecutivo del Lugar de Culto en Jacksonville, Florida, Rollinson se mantiene al lado de su marido el **Obispo Harold Rollinson**. Juntos han fundado Constructores del Reino Global Apostólicos Proféticos (G.A.P.) Ya sea en el púlpito o auditorio, la Apóstol Dwann camina en milagros, señales y maravillas trayendo sanidad, esperanza y revelación profética para todos, especialmente los llamados al Ministerio del mercado y proféticos. **"Decano de América de Diseño Divino"** ¡La Apóstol Dwann ayuda a los divorciados cristianos y estudiantes universitarios abrumados a conquistar crisis para pasar de la derrota al destino!

(DwannSpeaks.com)

En abril de 2001, la Revista Ebony la nombró 1 de 30 futuros líderes de América de 30 años o menos. Como ex periodista de televisión, ella estaba acostumbrada a informar sobre la historia, pero ahora se le ha llamado a contar su historia personal con respecto a los Cristianos y el Divorcio. Una historia que habla desde su experiencia de cómo su fe, la ha llevado a través de una crisis inesperada reciente a un lugar estable en el medio de la tormenta, que se detalla en su próximo libro, **"Vida Interrumpida: 7 Estrategias Claves para Superar Tiempos Difíciles."** Ahora Dwann combina sus habilidades de consejo pastoral, así como sus habilidades como entrenadora de liderazgo para ayudar a personas

de todo tipo de antecedentes para SOBRESALIR EN MEDIO DE
LA CRISIS.

Para obtener más información sobre el ministerio profético personal
de Dwann visite www.ProphetDwann.com u Siga a Dwann en los
medios sociales @ProphetDwann

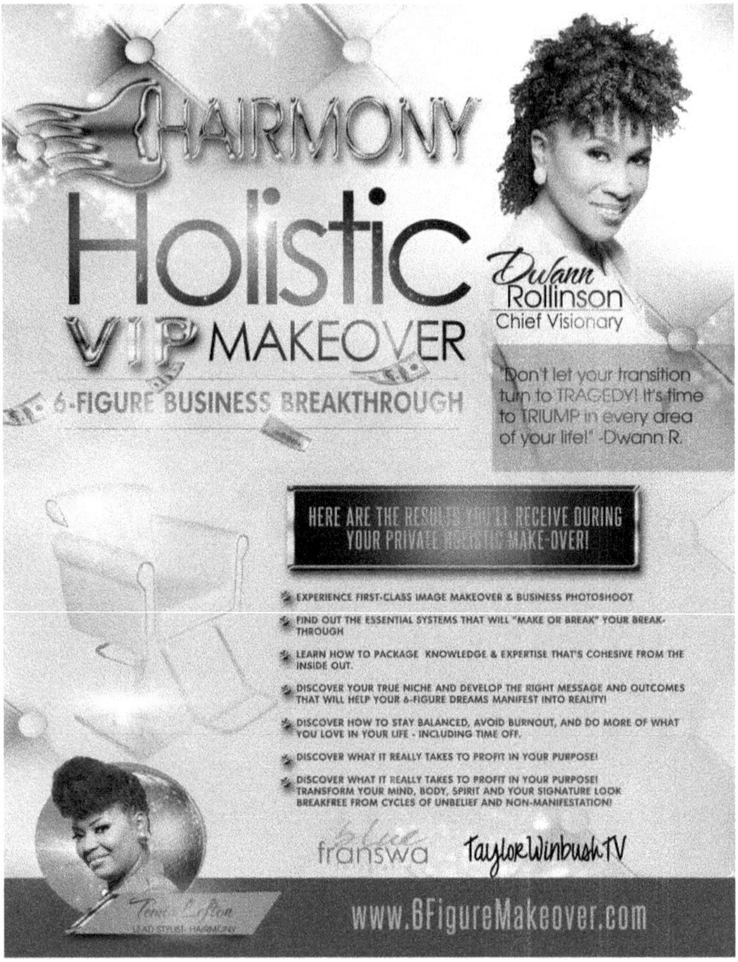

Because many people ask how to bring Apostle Dwann to speak at their events, here's information you'll appreciate. Apostle Dwann's ministry programs are revolutionary and full of revelation!

Apostle Dwann is available as a *Keynote speaker* for:

- Global, National, Regional & State Prophetic & Apostolic Conferences
- "Teach Me How To Prophesy" Seminars & Workshops
- "Signs, Wonders & Miracles" Seminars & Workshops
- "Boost The Prophetic In You" Seminars & Workshops
- "Prophetic Training & Mentorship Programs & Conferences
- "5-Fold Ministry Leadership Seminars, Workshops & Conferences
- Launching A Global, Regional or Local, Company of Prophets
- THE ART OF PROPHETIC INTERCESSION Seminars & Workshops

Call Today to Reserve
Apostle Dwann
For Your Next Prophetic Event!

To Bring Prophet Dwann and her Powerful Ministry to support your Event, Conference or Program:

Visit: www.ProphetDwann.com
Email: info@ProphetDwann.com
Call Toll-Free: 877-595 9117

To find out more about Apostle Dwann's Prophetic Training Marketplace Ministry visit:
www.GlobalProphetInstitute.com
or to learn more
about her Business Leadership Program visit
www. DwannSpeaks.com

Apostle
Dwann Rollinson
FOLLOW ME @PROPHETDWANN

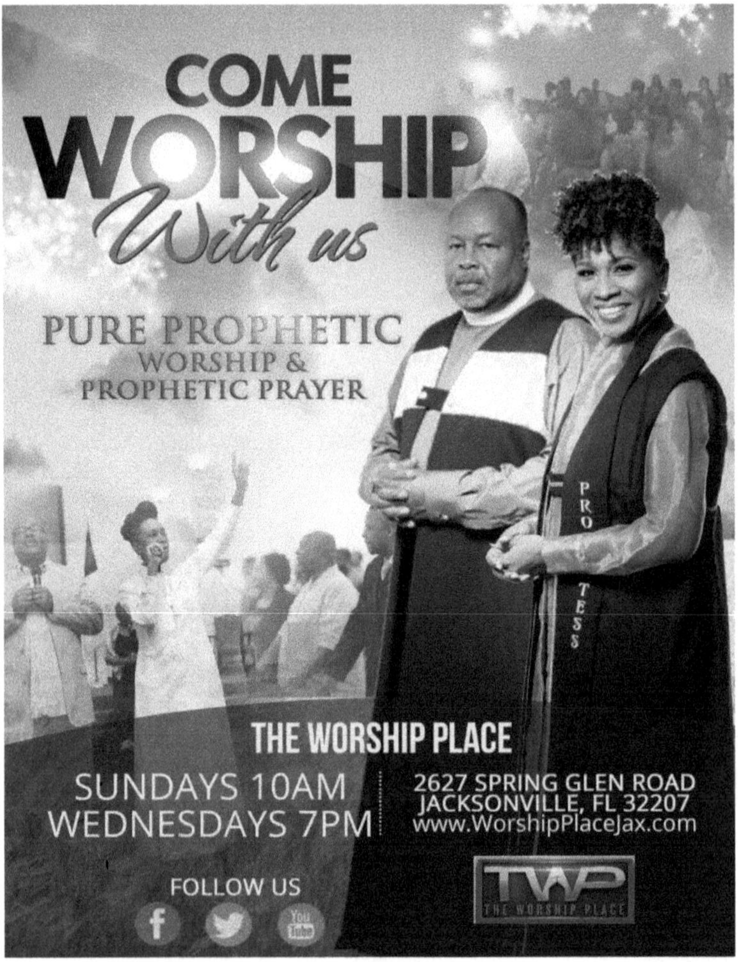
COME
WORSHIP
With us
PURE PROPHETIC
WORSHIP &
PROPHETIC PRAYER
THE WORSHIP PLACE
SUNDAYS 10AM
WEDNESDAYS 7PM
2627 SPRING GLEN ROAD
JACKSONVILLE, FL 32207
www.WorshipPlaceJax.com
FOLLOW US
TWP
THE WORSHIP PLACE

Acerca de SermonToBook.Com

SermonToBook.com comenzó con una simple creencia: que los sermones deben tocar vidas, *no* recoger polvo. Es por eso que convertimos los sermones en libros de alta calidad que sean accesibles a personas de todo el mundo.

En cuanto a que tu sermón o serie de sermones en un libro expone a más gente a la Palabra de Dios, te equipa mejor para el asesoramiento, acelera la futura preparación de sermón, añade credibilidad a tu ministerio, e incluso ayuda a fin de mes en tiempos difíciles.

Juan 21:25 nos dice que el mundo no podría contener los libros que se habrían de escribir acerca de la obra de Jesucristo. Nuestra misión es tratar de todos modos. Debido a que, en el Cielo, ya no será habrá necesidad de sermones o libros. Nuestro tiempo es ahora.

Si Dios te lo manda, estaremos encantados de trabajar contigo en su sermón o serie de sermones.

Visita www.sermontobook.com para aprender más.

www.ingramcontent.com/pod-product-compliance
Lightning Source LLC
Chambersburg PA
CBHW072046040426
42447CB00012BB/3044